Marion Bardehle

# Buntes Nudelallerlei

## Mit Nudeln

frechverlag

## Osterglocken
(Abbildung Seite 1)

*Nudeln:*
*Gnocchi, Glöckchen*

*Blumensteckdraht*
*Kreppwickelband in Grün*
*Seidenblumenblätter*
*Moos*
*Steckschwamm*
*Blumentöpfchen*
*Bastelfarbe in Gelb und Orange*
*Heißkleber*

Sehen diese Osterglocken nicht aus wie echt?
Der Steckdraht wird an einem Ende etwa 2 cm umgeknickt und von hinten in eine Glockennudel geklebt. Um diese ordnet man nun drei oder fünf Gnocchi als Blütenblätter, die ebenfalls festgeklebt werden, an. Wenn der Heißkleber ausgehärtet ist, können die Blüten bemalt und die Stiele mit Kreppwickelband fest umwickelt werden. Anschließend arrangiert man die fertigen Osterglocken mit ein paar länglichen Seidenblumenblättern in einem kleinen Blumentöpfchen, das zuvor mit einem Steckschwamm und etwas Moos gefüllt wurde.

Fotos: frechverlag GmbH + Co. Druck KG, 70499 Stuttgart;
Fotostudio Peter Eberts, Bamberg



Auflage: 5. 4. 3. 2. 1. | Letzte Zahlen
Jahr: 2003 2002 2001 2000 1999 | maßgebend



frechverlag GmbH + Co. Druck KG, 70499 Stuttgart

ISBN 3-7724-2486-4 · Best.-Nr. 2486

Druck: frechverlag GmbH + Co. Druck KG, 70499 Stuttgart

Je länger man mit Nudeln arbeitet, umso faszinierender findet man die unendlichen Möglichkeiten aus den bereits vorgeformten Teilen neue Objekte zu gestalten. Gerade für Kinder ist dieses preiswerte und ungefährliche Material sehr gut geeignet. Aber auch Erwachsene werden ihre Bastelfreude mit der Vielfalt der Nudeln haben. Lassen Sie sich überraschen! In diesem Buch finden Sie wunderschöne, aber auch witzige Ideen zum Verschenken und Behalten. Schon das gemeinsame Basteln wird ein Riesenspaß werden! Ich wünsche Ihnen den gleichen Bastelspaß, den ich mit diesem Material hatte.

Ihre Marion Bardehle

# Nudeln - zum Essen fast zu schade!

Nudeln sind nicht nur ein Grundnahrungsmittel auf unserer Speisekarte, sie eignen sich durch ihre beinahe unbegrenzte Haltbarkeit, die Vielfalt der Formen und nicht zuletzt durch ihre Erschwinglichkeit gerade ideal zum Basteln!

Zwar stammen die meistens aus Hartweizengrieß bestehenden Nudeln aus Italien, doch mittlerweile findet man auch in allen deutschsprachigen Ländern eine große Vielfalt an Sorten. Alle Nudeln, die ich für dieses Buch verwendet habe, finden Sie in Supermärkten, italienischen und türkischen Spezialitätenläden, Reformhäusern und sogar beim Metzger und Bäcker. Nudeln sind ganz groß im Kommen! Im Land der Pasta, in Italien, findet man natürlich noch weitere Formen, die häufig mit Tomaten, roten Rüben, Spinat, Curcuma oder Sepiatinte bunt gefärbt sind.

Neben den klassischen italienischen Nudelformen gibt es mittlerweile immer mehr Motivnudeln, die als Kindernudeln auf den Markt kommen. Die Motive reichen von verschiedenen Tieren, Sonne, Mond und Sternen, Weltraumthemen bis zu Osterhasen und Weihnachtsausführungen. Mit den guten alten Buchstabennudeln lassen sich sehr praktisch Oster-, Weihnachts- oder Tischkarten beschriften. Häufig haben Bäcker eine vielfältige Auswahl besonders bei großen Buchstabennudeln.

Oft sind Nudeln einer Sorte in einer Packung unterschiedlich lang oder auch verformt. Deshalb sollte man sie vor dem Basteln immer vorsortieren und probelegen. Manchmal wirken genau diese Verformungen jedoch sehr hübsch wie z. B. die Ärmel des goldenen Engels auf Seite 29.

Auf der rechten Seite habe ich zu den in diesem Buch verwendeten Nudelformen die Hersteller angegeben. Dies bedeutet nicht, dass es eine ähnliche Form nicht auch von anderen Firmen gibt. Schließlich erscheint täglich eine Vielzahl von neuen Produkten auf dem Markt. Experimentieren Sie ruhig mit anderen Formen und erfinden Sie eigene Figuren!

Nicht immer werden Sie alle im Buch angegebenen Nudelformen erhalten. Dann tauschen Sie sie durch andere Nudelformen, Holz- bzw. Wattekugeln, Pfeifenputzer oder auch Draht für Beinchen oder Fühler aus.

Und wenn Reste vom Basteln übrig bleiben, wandern diese einfach in den Kochtopf! Somit bleibt kein Abfall zurück. Im Übrigen bestehen Nudeln aus nachwachsenden natürlichen Rohstoffen.

# Die ganze Vielfalt von Nudeln

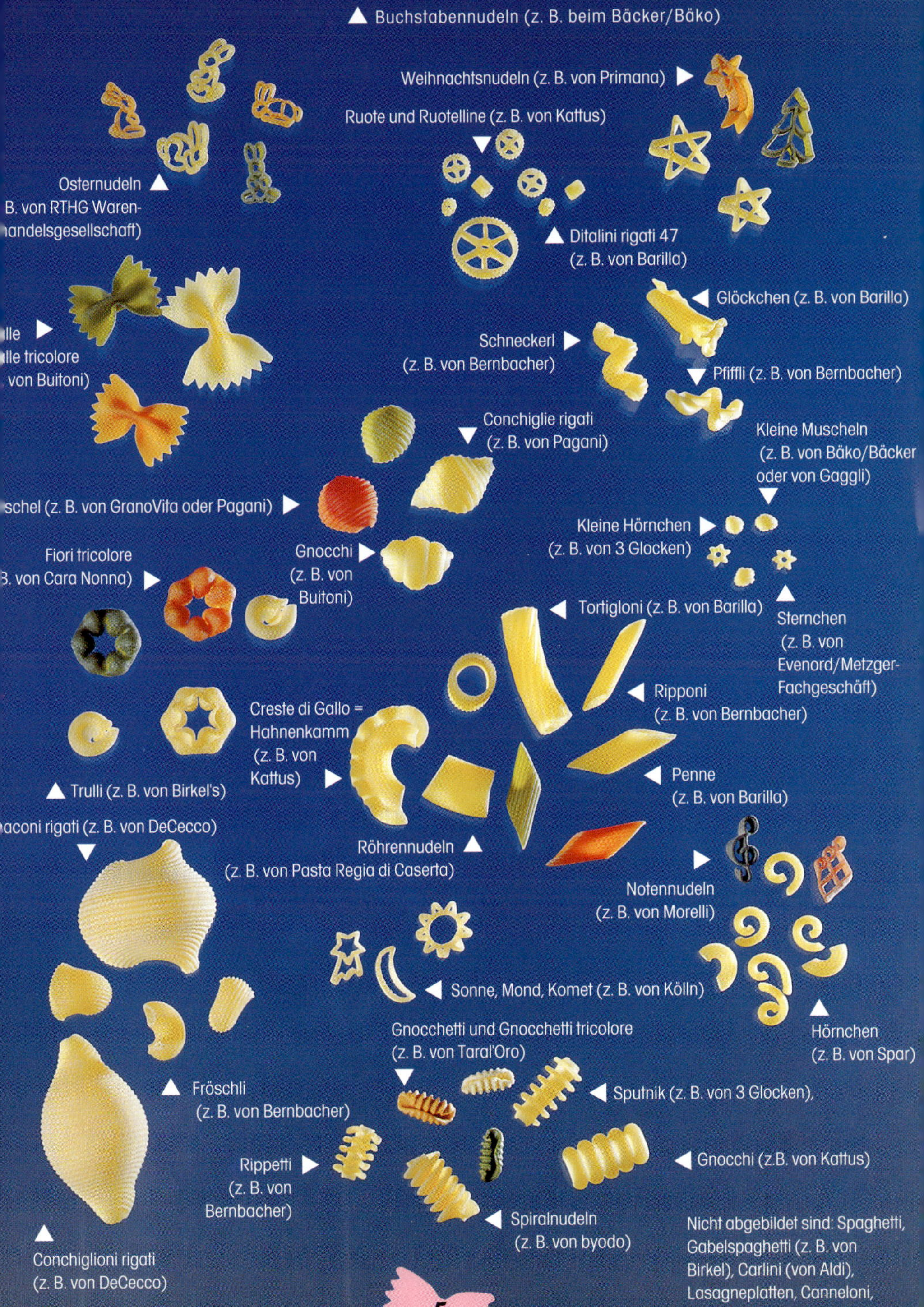


Nicht abgebildet sind: Spaghetti, Gabelspaghetti (z. B. von Birkel), Carlini (von Aldi), Lasagneplatten, Canneloni, Makkaroni

### Klebstoffe

Am besten geeignet sind transparente Klebstoffe, wie z. B. UHU oder noch besser UHU Kraft. Bei lösungsmittelfreien Klebern kann es passieren, dass die Nudeln nach dem Trocknen springen. Auf jeden Fall vorher testen! Die schnellsten und haltbarsten Klebeverbindungen erhält man mit einer Heißklebepistole. Kinder sollten mit solch einer Klebepistole nicht alleine arbeiten!

### Farben oder Farbsprays

Ich habe Produkte auf Wasserbasis verwendet. Sie sind geruchsarm und trocknen sehr schnell.
TERRAKOTTA-PEN von Hobbidee® eignen sich sehr gut für kleine Muster.

### Glanzlack und Glanzspray

Hier ist, wie auch bei den Klebstoffen, die lösungsmittelhaltige Version zu bevorzugen. Diese Lacke lassen die Nudeln wunderschön transparent erscheinen, wie z. B. die Windlichter auf Seite 19.
Lösungsmittelfreie Lacke auf Wasserbasis sehen auf orangefarbenen oder grünen Nudeln milchig und pastellfarbig aus. Dieser Effekt kann durchaus erwünscht sein, wie z. B. bei der pastellorangefarbenen Blüte auf Seite 17.

### Sonstiges Werkzeug

Eine Flachzange eignet sich sehr gut z. B. zum Teilen von Farfalle-Nudeln. Eine Hälfte geht beim Teilen immer kaputt. Mit der Flachzange zwickt man die unbeschädigte Seite in Form.

## Buntes Tierleben

(Abbildung Seite 8/9)

### Feuersalamander

*Nudeln:*
*Kopf: 1 Gnocchi*
*Unterkiefer: 1 kleines Hörnchen*
*Hals: 1 Trulli*
*Körper: 4 Röhrennudeln, ca. 2 cm lang, Ø 1,3 cm*
*Schwanz: 1 Tortiglioni, 1 Ripponi*
*Beine: 4 Hörnchen*
*Füße: 4 W-Buchstabennudeln oder 8 Y-Buchstabennudeln*

*2 Wackelaugen mit Lidern, Ø 7 mm*
*Glänzende Bastelfarbe in Schwarz, Gelb, Rot*
*UHU Kraft*

Suchen Sie vier Körpernudeln aus, die, wenn man sie an den Enden zusammen klebt, eine Rundung bilden. Für den Schwanz kleben Sie eine Ripponi in eine gebogene Tortiglioni und diese in die letzte Körpernudel. Die Beine sollte man vor dem Kopf und Hals befestigen und den Klebstoff aushärten lassen. Ein Hörnchen eignet sich gut für den Unterkiefer. Fußkrallen lassen sich mit W- oder Y-Buchstabennudeln darstellen. Danach wird der Salamander komplett schwarz bemalt. Die gelben Flecken setzen Sie ganz individuell. Zum Schluss erhält er noch rote Lippen, evtl. eine Zunge und die Wackelaugen.

## Schildkröte

*Nudeln:*
*Körper: 1 Conchiglioni rigati*
*Beine: 4 Hörnchen*
*Füße: 4 Ruotelline*
*Kopf: 1 Muschel*
*Unterkiefer: 1 Trulli*
*Hals: 1 kleines Hörnchen*
*Unterbau: 1 Hörnchen, 1 kleine Farfalle*
*Anmerkung: Wenn Sie Heißkleber verwenden, ist kein Unterbau nötig.*
*Augen: 2 Sternchen*

*Bastelfarbe in Hautfarben, Orange, Braun, Anthrazit, Grün*
*Heißkleber oder UHU Kraft*

Als Erstes werden die Beine an den Körper geklebt. Halten Sie die Beine oder stützen Sie sie ab, solange der Klebstoff noch feucht ist, damit sie nicht verrutschen. Danach befestigt man vier Ruotelline als Füße. Nun kleben Sie eine Trulli als Unterkiefer in eine Muschel. Der Hinterkopf erhält eine Hörnchen-Nudel und wird an dieser Stelle mit Heißkleber an den Körper geklebt. Wenn Sie keinen Heißkleber benutzen, muss man den Kopf unterstützen, z. B. mit einer kleinen Farfalle oder Makkaronistücken und einem Hörnchen in der Körper-Nudel. Die Sternchenaugen werden zuletzt aufgeklebt.
Das netzartige Muster des Schildkrötenpanzers sollte man vor der Bemalung vorzeichnen.

## Gelber Frosch

*Nudeln:*
*Körper: Lumaconi rigati*
*Füße: 2 Farfalle tricolore, grün*
*Augen: 2 Ruotelline*

*TERRAKOTTA-PEN in Orange, Braun*
*Glanzlack*

## Grüner Frosch

*Nudeln:*
*Körper: Lumaconi rigati*
*Füße: 2 Conchiglie rigati*
*Augen: 2 Hörnchen*

*Bastelfarbe in Metallicgrün, Gelb, Rot, Schwarz*

*Für beide Frösche:*
*Wackelaugen mit Lidern, Ø 7 mm*
*UHU Kraft oder Heißkleber*

Diese witzigen Hüpfer kommen überall gut an. Sie sind schnell zusammengeklebt und bemalt.
**Gelber Frosch:** Die grünen Schmetterlingnudelfüße werden leicht übereinander geklebt. Darauf befestigen Sie einen kleinen Körper. Wenn die kleinen Räder (Ruotelline) und Wackelaugen fest sitzen, erhält der Frosch noch etwas „Lippenstift", angedeutete Nasenlöcher und Glanzlack.
**Grüner Frosch:** Für das grüne Breitmaul sucht man einen langen Körper aus, der die Muschelfüße hinten überdeckt. Der grüne Frosch entsteht in derselben Weise wie der gelbe Frosch.

# Auf dem Meeresgrund

(Abbildung Seite 12/13)

## Grüne Krabbe

*Nudeln:*
*Körper: 1 Conchiglioni rigati oder Lumaconi rigati*
*Beine: 8 kleine Hörnchen*
*Arme: 2 Hahnenkämme*
*Zangen: 4 Gnocchetti*
*Mund: 1 Fiori oder 1 Trulli*
*Augen: 2 Ditalini rigati 47 oder Ruotelline*

*Farbspray oder Bastelfarbe in Hellgrün, Dunkelgrün, Schwarz, Weiß*
*UHU Kraft oder Heißkleber*

Da hier Nudelformen verwendet wurden, die nicht unbedingt leicht zu finden sind, habe ich Alternativformen angegeben.
Kleben Sie zuerst die beiden Arme und - nachdem der Klebstoff getrocknet ist - die Beine an die Körpernudel. Es folgen die Zangen, die Augen und der Mund. Mit hellgrünem Farbspray wurde die Krabbe grundiert und mit dunkelgrünem Spray (nur leicht drücken!) getüpfelt. Die Zangen bemalt man mit schwarzer, die Augen mit weißer und schwarzer Bastelfarbe.

## Brauner Krebs

*Nudeln:*
*Körper: 1 Lumaconi rigati*
*Beine: 8 Hörnchen*
*Arme: 4 Spiralnudeln*
*Zangen: 2 Fröschli*
*Mund: 1 Trulli*
*Augen: 2 Ruotelline*

*Farbspray in Kupfer*
*Bastelfarbe in Beige, Schwarz*
*UHU Kraft*

Die Klebefolge entspricht der der grünen Krabbe. Wenn der Klebstoff ausgehärtet ist, kann der Krebs mit Kupferspray gefärbt werden. Danach bemalt man das Gesicht, die Zangen und die Augen wie auf dem Foto beige und schwarz.

## Hummer

*Nudeln:*
*Körper: 1 Lumaconi rigati*
*Schwanz: 2 Sputniks, 1 Gnocchi*
*Beine: 8 kleine Hörnchen*
*Arme: 4 Glöckchen*
*Zangen: 2 Muscheln*
*Kopf: 2 Muscheln*
*Hals: 1 kleines Hörnchen*
*Augen: Gabelspaghettistückchen*
*Fühler: Spaghetti*

*Bastelfarbe in Lachsmetallic, Schwarz, Weiß*
*UHU Kraft oder Heißkleber*

Wäre so ein Hummer nicht einmal eine ausgefallene Tischdekoration? Die große Öffnung der Lumaconi-Nudel zeigt nach hinten, hier werden die beiden Sputnik-Nudeln für den Schwanz und ein Gnocchi für das Schwanzende angeklebt. Jetzt befestigt man die acht Hörnchenbeine. Der Kopf besteht aus zwei aufeinander gesetzten Muschelnudeln. Wenn sie fest sitzen, fügt man zur Verstärkung ein Hörnchen als Hals ein. Für die Arme verwendet man je zwei Glöckchennudeln und eine Muschelnudel als Zange. Spaghetti als Fühler und abgeschnittene Teile von Gabelspaghettis als Augen vervollständigen den Hummer. Die Bemalung erfolgt mit Bastelfarben in Lachsmetallic, Schwarz und Weiß.

## Bunter Fisch

*Nudeln:*
*Körper: 1 Conchiglioni rigati*
*Untere Flossen und Schwanzflosse:*
*2 kleine, 1 große Farfalle*
*Seitliche Flossen: 2 Carlini*
*Rückenflosse: 1 Hahnenkamm*
*Augen: 2 Sternchen-Nudeln*

*Perlmuttbastelfarben in Gelb, Grün, Smaragd, Türkis, Ultramarin, Schwarz, Weiß*
*Heißkleber oder UHU Kraft*

Alle Flossen und die Augen werden unter bzw. auf die große Conchiglioni-Nudel geklebt. Vor dem Fixieren müssen die Schmetterlingsnudeln und die Carlini (rundliche Farfalle) geteilt werden. Das geht ganz einfach: Man zwickt mit einer Flachzange solange kleine Teile von einer Farfalleseite ab, bis die gewünschte Hälfte übrig ist. Dabei kann schon mal die eine oder andere Nudel zu Bruch gehen. Wenn alle Teile fest sitzen, kann der Fisch bemalt werden. Perlmutt- oder Metallicfarben wirken hier besonders hübsch. Die Wimpern sind mit Schwarz aufgemalt.

## Krake

*Nudeln:*
*Körper: Lumaconi rigati*
*Arme: 8 Hahnenkämme, 8 Pfiffli*
*Augen: 2 Trulli*

*Farbspray in Goldgelb, Kupfer*
*TERRAKOTTA-PEN in Weiß, Gelb, Braun*
*Heißkleber*

Creste di Gallo, d. h. Hahnenkämme, eignen sich herrlich für Krakenarme. Man sucht sich unterschiedlich lange und gebogene Nudeln aus, klebt an ein Ende jeweils eine Pfiffli (es eignen sich auch andere Arten wie Glöckchen oder Spiralen) und an diese fertigen Arme unten eine große Lumaconi-Nudel. Ein paar Fangarme greifen dabei nach oben, andere ringeln sich nach unten. Zwei Trulli-Nudeln bekommt der Krake als Augen. Er wird danach mit goldgelbem Farbspray grundiert und mit kupferfarbenem leicht überstäubt. Zuletzt malt man mit dem TERRAKOTTA-PEN weiße Tupfen auf seine Arme. Die Augen in Gelb und Braun wirken mit einem weißen Lichtpunkt wie echt.

# Prachtvolle Rahmen

## Rahmen in Schwarz-Gold

*Nudeln:*
*Hahnenkämme, Ruote und Ruotelline,*
*Rippetti, kleine Hörnchen*

*Bilderrahmen aus Holz, z. B. mit*
*Wellenrand*
*Farbspray oder Bastelfarbe in Schwarz*
*Bastelfarbe in Rotgold*
*Blattmetall mit Haftgrund und Schellack*
*UHU Kraft*

Kaum zu glauben, dass dieser romantisch anmutende Bilderrahmen mit Nudeln gestaltet ist!

Ordnen Sie zuerst alle Nudeln zur Probe auf dem Holzrahmen an. Erst dann werden die Nudeln nach und nach aufgeklebt. Nach einigen Stunden kann der Rahmen schwarz besprüht oder bemalt werden. Am Ende dieser Trocknungszeit bestreichen Sie die Stellen, die vergoldet werden sollen, dünn mit Haftgrund. Nach 15 Minuten kann das Blattmetall nach der Gebrauchsanweisung des jeweiligen Herstellers aufgebracht werden. Die anderen, so nicht vergoldeten Nudeln werden mit einem harten Borstenpinsel nur leicht goldfarben überstrichen. Am nächsten Tag schützt man noch die „Vergoldungen" mit Schellack.

## Rahmen in Silber

*Nudeln:*
*Gnocchi, rechteckige Form*
*(z. B. von Kattus)*

*Bilderrahmen aus Holz*
*Farbspray oder Bastelfarbe in Silber*
*UHU Kraft*

Man sortiert die Nudeln zunächst vor und legt sie probeweise auf den Rahmen. Kleben Sie zuerst die obere und untere Reihe, danach die zwei Seiten und zum Schluss vier Nudeln diagonal in die Ecken auf. Vergessen Sie nicht, vor dem Sprühen das Glas zu entfernen.

# Wunderschöne Blumenstecker

Diese Blumen sind ein toller Blickfang auf der Fensterbank und ein beliebtes Mitbringsel.

Für alle Blumenstecker gilt:
Alle Blüten werden mit UHU Kraft oder Heißkleber auf eine Tonkartonscheibe geklebt und diese wird auf einem Holz- oder Bambusstiel fixiert. Der Stiel wird, wie auch die meisten Blätter, grün bemalt oder mit Kreppwickelband umwickelt.

## Blume in Gelb mit grün-brauner Mitte

*Nudeln:*
*11 Glöckchen*
*1 Ruote*
*2 Hahnenkämme*

*Farbspray in Gelb*
*TERRAKOTTA-PEN oder Bastelfarbe in Grün, Braun*
*Tonkartonscheibe, Ø 3,5 cm*

## Blume in Blau mit gelber Mitte

*Nudeln:*
*9 Hörnchen oder Fröschli*
*1 Trulli*
*2 Schneckerl*

*Bastelfarbe in Blau, Grün, Gelb*
*Tonkartonscheibe, Ø 3 cm*

## Blume in Orange mit gelber Mitte

*Nudeln:*
*11 Penne in Orange*
*11 kleine Hörnchen*
*1 Trulli*
*2 verschiedene Farfalle*

*Glanzlack auf Kunstharzbasis*
*Tonkartonscheibe, Ø 3,5 cm*

## Bunte Blume mit gelber Mitte

*Nudeln:*
*7 Muscheln (Conchiglie) oder Gnocchi*
*7 kleine Muscheln*
*1 Ruotelline*
*3 Muscheln als Blätter (von diversen Firmen erhältlich)*

*TERRAKOTTA-PEN in Gelb, Orange, Rot, Blau, Grün*
*Glitterpaste in Kupfer oder Gold*
*Tonkartonscheibe, Ø 3,5 cm*

## Blume in Pastellorange mit gelber Mitte

*Nudeln:*
*12 Penne in Orange*
*1 Trulli*
*2 Penne in Grün*

*Lack auf Wasserbasis*
*Tonkartonscheibe, Ø 3,5 cm*

Bei der mittleren und der rechten Blüte, die aus den gleichen orangefarbenen Pennenudeln bestehen, sieht man den Unterschied, ob sie mit Kunstharzlack oder mit Lack auf Wasserbasis behandelt wurden. Mit Kunstharzlack wirken die Nudeln transparent, mit Wasserlack werden sie milchig wie Reißlack.

# Transparente Windlichter

Wenn Nudeln lackiert werden, wirken sie wunderschön transparent. Als Windlichter verbreiten sie stimmungsvolles Licht.

## Hohes Windlicht

*Nudeln:*
*4 Lasagneblätter*
*18 Penne tricolore*
*1 Trulli*

## Rundes Windlicht

*Nudeln:*
*9 Cannelloni*
*9 Penne in Grün*
*9 Farfalle in Orange*
*9 Muscheln (Conchiglie) oder Gnocchi*

*Für beide Windlichter benötigen Sie:*
*UHU Kraft*
*Glanzlack (keine Wasserbasis)*

Für das hohe Windlicht klebt man vier gleichmäßige Lasagneblätter zusammen. Dazu bestreicht man das hintere Blatt außen und die beiden seitlichen direkt an einer Außenkante mit Klebstoff, lässt ihn sieben Minuten antrocknen und drückt dann die Seiten auf die hintere Platte (stehend). Nach dem Aushärten folgt das vordere Nudelblatt in gleicher Weise. Markieren Sie mit einem Bleistift einen kleinen Kreis (Ø 1 cm) auf der vorderen Platte und kleben Sie neun rote Penne wie auf dem Foto um den Kreis herum. Nach etwa 30 Minuten werden neun grüne Penne und eine Trulli in der Mitte eingefügt.

Für das runde Windlicht kleben Sie neun Cannelloni zusammen. Nach dem Aushärten können sie mit Penne, Farfalle und Muscheln dekoriert werden.

Zum Schluss besprüht man die Windlichter mit Glanzlack und lässt sie zwei bis drei Tage trocknen. Am besten verwendet man einen Korkuntersetzer, wenn ein Teelicht hineingestellt werden soll.

# Lustiges Getier

Hier kann man seiner Kreativität freien Lauf lassen! Mit Farfalle-Nudeln lassen sich wunderbar Schmetterlinge basteln. Für die Raupen können ganz unterschiedliche Nudelarten verwendet werden. Auch mit gelben, roten und grünen Nudeln, ganz in Natur, wirken diese Insekten sehr schön. Ansonsten stehen verschiedene Bastelfarben, Glitzerpasten und Wackelaugen zur Verfügung.

## Schmetterlinge

*Nudeln:*
*Flügel: Farfalle (von diversen Firmen)*
*Körper: Biegeplüsch in verschiedenen Farben*

*Fühler: künstliche Blütenstaubgefäße (Bastelgeschäft)*
*Farbspray, Bastelfarben, TERRAKOTTA-PEN, Glitzerpasten in beliebigen Farben zum Bemalen*

Achten Sie bei den Farfalle-Nudeln darauf, dass es natürlicher aussieht, wenn die unteren Flügel kleiner als die oberen sind.
Die Körper bestehen aus Biegeplüsch. Dazu knickt man 12 cm davon genau in der Mitte und verdreht den Draht ein- bis zweimal ganz fest. Das ist der Schwanz. Nun zieht man beide Enden etwas auseinander, setzt die unteren Flügel dazwischen und verdreht den Biegedraht einmal darüber. Jetzt kommen die zweiten Flügel an die Reihe. Danach folgen zwei Drehungen. Der Biegeplüsch kann entweder zu Fühlern eingerollt oder nur umgeknickt werden, damit man sich nicht stechen kann. Wenn man bunte Schmetterlingsflügel haben möchte, sollte man sie vor dem Einwickeln in den Biegeplüsch bemalen oder besprühen. Die Schmetterlinge sehen sehr hübsch als Blumensticker auf einem Floristendraht aus, man kann sie aber auch als Anstecker oder als Haarschmuck verwenden. Befestigen Sie einfach ein paar Schmetterlinge an der Gardine oder an den vier Ecken eines Deckchens für ein Brotkörbchen - die Wirkung ist erstaunlich!

## Grün-orangefarbene Raupe

*Nudeln:*
*Kopf: 1 Gnocchi; Unterkiefer: 1 Carlini oder 1 kleine Farfalle; Körper: 2 Hahnenkämme*

*Biegeplüsch in Orange, 20 cm lang*
*2 Wackelaugen, Ø 7 mm*
*TERRAKOTTA-PEN in Schwarz, Weiß, Hellgrün, Orange*
*UHU Kraft*

Zuerst teilt man eine Carlini- oder Farfallenudel, indem man von einer Nudel kleine Stücke am besten mit einer Flachzange abbricht. Der so gewonnene Unterkiefer und ein Gnocchikopf werden grün bemalt. Ein Ende des Biegeplüschdrahts wird zu einer kleinen Schlaufe gedreht. Das ist die Zunge. Schieben Sie auf das andere Ende des Biegeplüschs zwei bemalte Hahnenkämme (1 cm Abstand von der Zunge) und kleben Sie den Unterkiefer direkt unter, den Kopf über die Schlaufe. Es fehlen nur noch Wackelaugen, die Körper- und die Gesichtsbemalung (siehe Foto). Mit dem Schwanzende kann die Raupe an einem Zweig befestigt werden.

## Raupe mit blauem Biegeplüsch

*Nudeln:*
*Kopf: 1 Hörnchen, Fühler: 2 Gabelspaghetti, Zunge: 1 kleine Muschel*
*Körper: 5 Trulli*
*Biegeplüsch in Blau, 30 cm lang*
*2 Wackelaugen mit 2 Lidern, Ø 7 mm*
*TERRAKOTTA-PEN in Rot, Blau*
*UHU*

Der Biegeplüschdraht wird nach etwa 14 cm umgebogen und in die große Öffnung der Hörnchennudel geklebt.

Nun schiebt man immer im Abstand von 1 cm fünf Trullis auf das kurze Ende und wickelt das lange Ende um alle Körpernudeln bis zum Schwanz. Der Klebstoff für die Augen und die Hörner muss ca. sieben Minuten lang antrocknen. Die Muschelnudel für die Zunge sollte vor dem Aufkleben rot bemalt werden, die Fühler erst danach.

### Bunte Raupe

*Nudeln:*
*Kopf: 1 Hörnchen*
*Augen: 2 kleine Muscheln, 2 Sternchen*
*Körper: 3 Rippetti*

*Biegeplüsch in Schwarz, 18 cm lang*
*TERRAKOTTA-PEN in Orange, Rot, Blau, Grün*
*UHU*

Bis auf die Augen sollte man alle Nudeln vor dem Zusammenkleben bemalen. Ein Ende des Biegeplüsches wird etwas umgebogen und so in die größere Öffnung des Hörnchens geschoben, dass am Mund schwarze Barthaare herauskommen. Die Rippetti klebt man im Abstand von 1 cm auf den Biegeplüsch. Zwei Muscheln und zwei Sternchen bilden die Augen.

### Marienkäfer

*Nudeln:*
*Körper: 1 Muschel*
*Flügel: 2 Muscheln in Rot*
*Kopf: 1 kleines Hörnchen*
*Füße: Fadennudeln oder Spaghetti*

*Bastelfarbe in Schwarz*
*Glanzlack, UHU Kraft*

Dieser kleine Glücksbringer ist schnell gebastelt. Dazu klebt man auf eine längliche Muschel zwei rote Deckflügel. Wenn Sie die mit Tomaten gefärbten Nudeln nicht bekommen sollten, werden die Flügel eben rot bemalt. Hier wurden sie nur lackiert. Jetzt erhält der Käfer noch einen Kopf und Beine.

### Biene

*Nudeln:*
*Körper: 2 Sputnik, 1 Hörnchen*
*Flügel: 2 Muscheln in Grün*
*Kopf: 1 Trulli, 2 Wackelaugen, Ø 4 mm*
*Rüssel: Spaghetti*

*Glanzlack, UHU Kraft*

Für den Körper werden zwei Sputniks nebeneinander geklebt. Auf ein Ende setzt man ein Hörnchen, auf das andere eine Trulli mit einem Spaghettistück (3 cm). Jetzt fehlen nur noch die Flügel, die Augen und zum Schluss der Glanzlack.

## Nudelgläser

Eine tolle Geschenkidee und eine originelle Dekoration für die Küche sind Glasgefäße mit einem hübsch dekorierten Deckel und mit interessanten Nudeln gefüllt. Beide Deckel werden mit UHU Kraft beklebt.

### Gefäß mit Glasdeckel

*Nudeln:*
*Fröschli*
*Penne in Orange*
*Weihnachtsbäume in Grün*
*Glöckchen*

### Gefäß mit Korkdeckel

*Nudeln:*
*Makkaroni*
*Penne tricolore*
*Ruote*
*Röhrennudeln, etwa 2 cm lang, Ø 1,5 cm*

Die Rosette auf dem Glasdeckel wurde von außen nach innen geklebt. Für den Korkdeckel wurden zuerst Makkaroni in unterschiedlichen Längen zusammengeleimt und dieser Turm wurde in die Mitte gesetzt.

## Schmuck aus Nudeln

Nudeln eignen sich ideal für das Kreieren von Schmuck, da sich viele Sorten auf verschiedenste Weise auffädeln lassen. Dazu kann man Perlgarne, Wolle, Kordeln oder bunte Schnürsenkel verwenden. Die Nudeln können Sie ganz nach Geschmack bemalen, besprühen und lackieren oder in Natur belassen. Eine große Auswahl an Kettenverschlüssen finden Sie im Bastelgeschäft oder Sie streifen die verknotete Kette einfach über den Kopf.

### Dreifach-Kette

*Nudeln:*
*Gnocchetti tricolore*

*Perlgarn*

Da manche Nudeln zu große Öffnungen haben, müssen die kleinen Gnocchinudeln zunächst vorsortiert werden.
Ich habe beim ersten inneren Strang eine helle Nudel zwischen zwei bunte gefädelt, beim zweiten Strang zwei und dann drei. Die fertigen Stränge haben unterschiedliche Längen.

### Schmetterlingsnudel-Kette mit Ohrclips

*Nudeln:*
*Farfalle in Orange, Grün*
*Ruotelline*

*Perlgarn in Gelb, Grün*
*2 Ohrclips mit Ösen*
*Glitterpaste in Kupfer*

Bei dieser Fädeltechnik wird immer ein Faden von oben und der andere Faden von unten durch dieselbe Öffnung geführt. Vor und nach jeder Schmetterlingsnudel werden die Fäden zweimal verknotet.
Die Farfallenudeln der Ohrringe umwickelt man mehrmals mit den Fäden.

### Dicke Kette in Gelb, Orange und Grün

*Nudeln:*
*Fiori tricolore*

*Kordel oder Wolle*

Diese interessante Nudelform sieht aus wie eine Blüte. Für eine Kette sind diese Nudeln schnell aufgefädelt.

## Regenbogen-Kette

*Nudeln:*
*Glöckchen*
*Ditalini rigati oder Ruotelline oder Perlen, Ø 4 mm - 6 mm*

*Farbspray oder Bastelfarben in Gelb, Rot, Blau*
*Festes Garn (etwa fünfmal so lang wie die fertige Kette)*

Das Auffädeln dieser Kette dauert etwas länger, aber die Mühe lohnt sich. Wenn Sie Farbspray verwenden wollen, dann sollten Sie erst die fertige Kette besprühen. Es sieht schön aus, wenn durch das Sprühen einige Nudeln zweifarbig sind. Verwenden Sie zum Sprühen eine Plastikfolie als Unterlage, damit die Nudeln nicht ankleben.
Wenn Sie die Nudeln bemalen wollen, sollten Sie sie dafür einzeln auf Zahnstocher spiessen.

Stecken Sie den Faden von der Rückseite durch eine Glöckchennudel, fädeln Sie dort eine Ditalini auf und führen Sie den Faden wieder zurück. Die Zwischenräume zwischen den Glöckchennudeln werden durch je eine Ditalini gebildet. Fahren Sie dann wie oben beschrieben fort.

## Kette aus Glöckchennudeln und Trulli

*Nudeln:*
*Glöckchen*
*Trulli*
*Ditalini rigati oder ähnliche Nudeln*

*Farbspray in Hellgrün*
*TERRAKOTTA-PEN in Orange, Blau*
*Festes Garn*

Nach dem Bemalen der Nudeln (siehe Foto) und dem Trocknen der Farben fädelt man die einzelnen Nudeln so auf, dass über einem Glöckchen drei kleine Ditalini sitzen und darunter vier. Dawischen kommen die Trulli.

# Weihnachtsschmuck

Diese hübschen Anhänger und Engel sind nur ein kleiner Teil der Möglichkeiten Weihnachtsschmuck aus Nudeln zu basteln. Im Handel sind Weihnachtsnudeln, in deren Packung sich verschiedene Formen befinden, erhältlich. Damit kann man nicht nur Baumanhänger, sondern auch Weihnachtskarten (siehe Seite 31) gestalten. Mit Buchstabennudeln lassen sich hübsche Beschriftungen auf Karten zaubern.

## Kränze aus Sternen und Kometen

(im Foto ganz links und ganz rechts)

*Nudeln:*
*Kometen- und Sternennudeln*

*Silberfaden, UHU*

Achten Sie darauf, dass Sie die Nudeln immer an der richtigen Stelle miteinander verkleben. Glitzerspray oder -paste lässt die fertigen Sterne funkeln.

## Goldener Engel

*Nudeln:*
*Rock und Ärmel: 5 Glöckchen*
*Körper: 1 Fröschli*
*Kopf: 2 Muscheln*
*Heiligenschein: 1 Sonne*
*Augen: 2 Sternchen*
*Flügel: 1 Farfalle (von diversen Firmen)*

*2 weiße Federn*
*Bastelfarbe oder -spray in Gold*
*Evtl. Glitzerpaste in Gold*
*Heißkleber, Goldfaden*

Einige der Glöckchen-Nudeln sind etwas breiter. Diese eignen sich besonders gut für die Ärmel. Rock, Ärmel und der zusammengefügte Kopf können nun an den Körper geklebt werden.
Wenn der Klebstoff getrocknet ist, folgen Augen, Heiligenschein und die Farfalle-Flügel. Zu guter Letzt wird der Engel nach Belieben vergoldet und die Federn werden hinter die Arme geklebt.

## Goldener Stern

*Nudeln:*
*Penne*
*1 Ruote*

*Glitzerpaste in Silber*
*Goldfaden, UHU*

Die abgeschrägten Penne-Nudeln eignen sich sehr gut für Sterne. Deren Anordnung ist beliebig variierbar. Als Mittelpunkt wird eine mit Glitzerpaste verzierte Ruote aufgeklebt.

## Weißes Engelchen

*Nudeln:*
*Rock: 6 Spiralnudeln*
*Körper: 2 Gnocchi*
*Arme: 2 Hörnchen*
*Kopf: 2 Muscheln*
*Heiligenschein: 1 Mond*
*Haar: 14 Sterne*
*Flügel: 1 große Farfalle (von diversen Firmen)*
*1 Komet*

*Bastelfarbe in Weiß, Gold*
*Glitzerpaste in Gold*
*Heißkleber*

Die Spiralnudeln eignen sich gut für den schönen Engelsrock. Als Körper werden zwei Gnocchi zusammen-

geklebt. Ringsherum ordnet man nun sechs Spiralen an. Zwei Hörnchen dienen als Arme. Sie halten einen Kometen. Der Kopf besteht aus zwei aneinander geklebten Muscheln und wird von einem Mond als Heiligenschein gekrönt. Als Frisur bekommt das Engelchen Sternchen mit Glitzerpaste. Eine goldbemalte Flügelnudel komplettiert das Ganze. Zum Schluss erstrahlt das Engelsgewand in weißer Bastelfarbe und Goldglitzer.

# Kartengrüsse mit Nudeln

Mit diesen wunderschönen Karten werden Sie bestimmt viel Freude bereiten. Und sie sind auch noch ganz schnell gebastelt.

## Weihnachtskarten mit Fensterausschnitt

*Nudeln:*
*Weihnachtsnudeln*
*Größere Sternchen*
*Kleine Sternchen*

*Regenbogen-Tonkarton*
*Glitterpaste in Gold, Silber*
*Metallicfarbe in Goldgelb*
*Passepartoutkarten in Blau, Gold, A6*
*(z. B. von Hobbidee®)*
*UHU*

Hinterkleben Sie die Kartenausschnitte mit farblich passendem Regenbogen-Tonkarton und dekorieren Sie die Nudeln wie z. B. auf dem Foto darauf. Nach Belieben können Sie nun die Karte mit Glitterpasten oder Metallicfarben beschriften oder bemalen.

## Notenkarte

*Nudeln:*
*Notennudeln*
*Buchstabennudeln*

*Wellpappe in Rot (23 cm x 33 cm)*
*Elefantenhautpapier in Blau*
*(14 cm x 19 cm)*
*Notenblatt*
*Glitterpaste in Gold*
*UHU Kraft*

Diese exklusive Karte besticht durch die Notenschlüssel und die Noten. Ich fand diese Nudeln in einem italienischen Supermarkt. Aber auch mit Weihnachtsnudeln sieht diese Karte sehr gut aus. Die Wellpappe wird in der Mitte über ein Lineal geknickt. Sollte die Rollierung des blauen Papiers mit Klebstoff nicht halten, kann man auch einen Hefter verwenden oder sie mit ein paar Nähstichen fixieren. Kleben Sie die Notennudeln auf. Eine Notenzeile wird vorsichtig in Form gerissen. Als Abschluss erhalten die Buchstabennudeln noch Glitterpaste.

**Tipp:**

Im Handel erhalten Sie eine Fülle von verschiedenen Motivnudeln wie z. B. Häschen (siehe Seite 5), Bauernhof- und Zootiere. Damit lassen sich auch Oster-, Geburtstags- und sonstige Karten wunderbar gestalten.

Frohe Weihnachten
FRÖHLICHE
WEIHNACHT
ÜBERALL

**Von Marion Bardehle sind im frechverlag folgende TOPP®- Titel erschienen:**

**TOPP 2325**

**TOPP 2052**

**TOPP 1894**